¡Excursiones!

El museo de la naturaleza

Angela Leeper

Traducción de Paul Osborn

Heinemann Library
Chicago, Illinois

© 2004 Heinemann Library
a division of Reed Elsevier Inc.
Chicago, Illinois

Customer Service 888-454-2279
Visit our website at www.heinemannlibrary.com

Designed by Kim Kovalick, Heinemann Library; Page layout by Que-Net Media
Printed and bound in China by South China Printing Company Limited.
Photo research by Jill Birschbach

08 07 06 05 04
10 9 8 7 6 5 4 3 2 1

Library of Congress Cataloging-in-Publication Data.
A copy of the cataloging-in-publication data for this title is on file with the Library of Congress.
  [Nature museum. Spanish]
  El museo de la naturaleza / Angela Leeper.
  ISBN 1-4034-5641-0 (HC), 1-4034-5647-X (Pbk.)

Acknowledgments
The author and publishers are grateful to the following for permission to reproduce copyright material:
Cover and interior photographs by Robert Lifson/Heinemann Library

Every effort has been made to contact copyright holders of any material reproduced in this book. Any omissions will be rectified in subsequent printings if notice is given to the publisher.

Special thanks to our bilingual advisory panel for their help in the preparation of this book:

Aurora Colón García
Literacy Specialist
Northside Independent School District
San Antonio, TX

Leah Radinsky
Bilingual Teacher
Inter-American Magnet School
Chicago, IL

Special thanks to the North Carolina Museum of Natural Sciences and the Peggy Notebaert Nature Museum in Chicago for their assistance in the preparation of this book.

Contenido

¿Cómo puedes aprender sobre
los animales? 4

¿Qué es un guía? 6

¿Qué es una exhibición? 8

¿Qué es una maqueta? 10

¿Qué clases de animales puedes ver? 12

¿Qué otras clases de animales puedes ver? . . . 14

¿Qué clases de hogares de animales
puedes ver? 16

¿Qué puedes tocar en el museo? 18

¿Qué más puedes hacer en el museo? 20

Mapa del museo 22

Glosario en fotos 23

Nota a padres y maestros 24

Índice 24

Unas palabras están en negrita, **así.**
Las encontrarás en el glosario en fotos de la página

¿Cómo puedes aprender sobre los animales?

Puedes leer sobre los animales.

También puedes ir a un museo de la naturaleza.

En los museos se coleccionan objetos para exhibirlos.

Un museo de la naturaleza coleccior y exhibe animales.

¿Qué es un guía?

El guía trabaja en el museo.

Te muestra el museo.

El guía te explica sobre los animales.

También contesta tus preguntas.

¿Qué es una exhibición?

museóloga

Las **exhibiciones** muestran lo que colecciona el museo.

La museóloga ayuda a cuidar la exhibición.

Los letreros te explican la exhibición.

Algunos museos tienen botones que puedes apretar para encontrar información.

¿Qué es una maqueta?

Las **maquetas** son modelos que representan dónde viven los animales.

Esta maqueta muestra dónde vive un águila calva.

Esta maqueta muestra dónde vive
un venado.

¿Qué clases de animales puedes ver?

Puedes ver mariposas y polillas.

Estas polillas están comiendo fruta.

capullo

Puede que veas mariposas salir de sus **capullos.**

¿Qué otras clases de animales puedes ver?

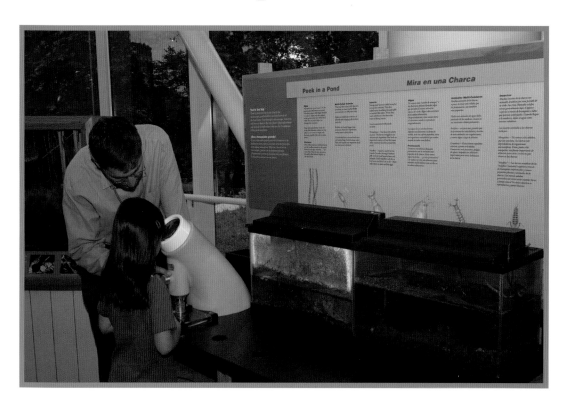

Puedes ver algunos de los animales del estanque.

Puedes usar un **microscopio** para ver los animales minúsculos.

Puede que veas **reptiles** también.

Esta culebra es un reptil.

¿Qué clases de hogares de animales puedes ver?

Puedes mirar dentro de este tronco.

Hormigas, ratones y otros animales viven allí.

Puedes mirar el hogar de este castor.

¿Qué puedes tocar en el museo?

Puedes tocar algunos de los animales.

Esta tortuga tiene un caparazón duro.

Puedes tocar hogares de animales, como conchas o nidos.

Este niño está tocando un nido pequeñito de pájaro.

¿Qué más puedes hacer en el museo?

Puede que veas una película.

Te da información sobre las **exhibiciones.**

Puede que te disfraces de algún animal.

Estos niños están disfrazados de castores.

Mapa del museo

animales del
estanque

microscopio

guarida de los castores

maqueta del
águila calva

maqueta del bisonte

maqueta del venado

santuario de
las mariposas

Glosario en fotos

capullo
página 13
cobertura que protege un insecto mientras cambia de forma

maqueta
páginas 10, 11
tipo de exhibición que muestra dónde vive un animal

exhibición
páginas 8, 9, 20
algo en un museo que enseña sobre alguna cosa

microscopio
página 14
instrumento que ayuda a ver las cosas pequeñas mejor

reptil
página 15
tipo de animal con escamas en la parte exterior de su cuerpo

Nota a padres y maestros

Leer para buscar información es un aspecto importante del desarrollo de la lectoescritura. El aprendizaje empieza con una pregunta. Si usted alienta a los niños a hacerse preguntas sobre el mundo que los rodea, los ayudará a verse como investigadores. Cada capítulo de este libro empieza con una pregunta. Lean la pregunta juntos, miren las fotos y traten de contestar la pregunta. Después, lean y comprueben si sus predicciones son correctas. Piensen en otras preguntas sobre el tema y comenten dónde pueden buscar la respuesta. Ayude a los niños a usar el glosario en fotos y el índice para practicar nuevas destrezas de vocabulario y de investigación.

Índice

águila calva 10

caparazón 18

capullos 13

castor 17, 21

culebra 15

disfrazarse 21

exhibición 8–9, 20

guía 6–7

hormigas 16

letreros 9

maquetas 10–11

mariposas 12–13

microscopio 14

museólogo 8

nido 19

película 20

polillas 12

tortuga 18

venado 11